CW01668907

Première mission

Le logo DC, KRYPTO et tous les noms, personnages et éléments s'y rapportant, sont des marques déposées de DC Comics.
© 2008 DC Comics. Tous droits réservés.
Utilisé sous licence par Hachette Livre, 2008.

Novélisation : Christophe Desmottes
Conception graphique : Valérie Gibert et Philippe Sedletzki

Hachette Livre, 43 quai de Grenelle, 75015 Paris.

KRYPTO™
The SUPERDOG

Première mission

Basé sur l'épisode *Un nouveau monde pour Krypto - Partie 2,*
écrit par Alan Burnett

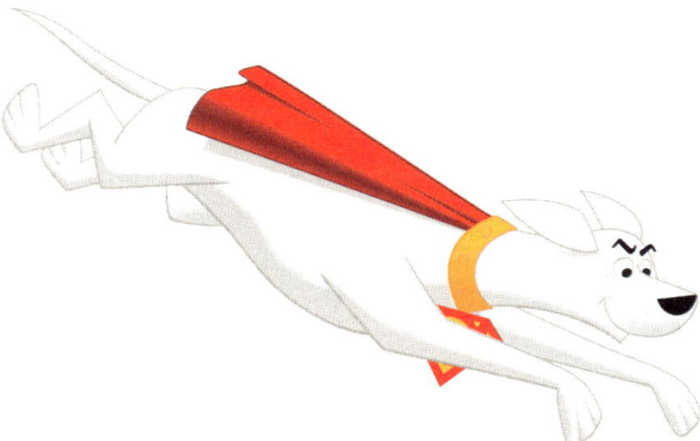

HACHETTE

LES HÉROS

Krypto **Kévin**

Krypto est loin d'être un chien comme les autres ! Comme Superman, il est doté de super-pouvoirs. Il s'en sert chaque jour dans sa mission : porter secours aux animaux en danger, partout sur la Terre. Courageux, le Superchien déteste l'injustice et la violence.

Kévin est un garçon de neuf ans, qui vit à Métropolis. Il adore l'aventure… et avec Krypto, il est servi ! Grâce au communicateur intergalactique il comprend tout ce que dit le Superchien.

Ensemble, les deux complices peuvent aller n'importe où… pourvu qu'ils soient à l'heure pour le dîner !

Andréa

Éclair

Éclair est le chat d'Andréa, la jolie voisine de Kévin. Il est roux, tigré, très paresseux et carrément goinfre ! C'est un accident qui lui a donné des super-pouvoirs. Et même si sa devise est « Ne vous frottez pas à l'Éclair », il préférera toujours capturer un banc de poissons plutôt qu'un gang de voleurs…

Ace

Parfois, Ace le Bat-Chien aide Krypto dans sa lutte contre le crime canin.
Ce molosse, qui manque totalement d'humour, est aussi talentueux que son maître, Batman. Son Bat-collier cache de nombreux bat-gadgets.

LES GENTILS

La Patrouille des Chiens de Chasse

Brenda

Cet élégant lévrier à l'autorité naturelle dirige la Patrouille des Chiens de Chasse. Ses exceptionnelles capacités mentales lui permettent de prévoir l'avenir. À ses heures, elle est aussi télépathe…

Croc-Blanc

Ce magnifique Husky a le pouvoir de transformer un de ses crocs en une défense de près d'un mètre ! Elle devient alors une redoutable perceuse, capable de traverser les parois les plus épaisses et les plus dures.

Papattes

On l'appelle « le chien aux mille pattes ». En réalité, il n'en possède que huit. Mais c'est déjà pas mal ! Il peut étirer suffisamment ses pattes pour bondir par-dessus les immeubles les plus hauts.

Baudruche

Baudruche est un amour de petite chienne. Lorsqu'elle doit combattre un ennemi, elle gonfle comme un ballon ! Baudruche peut flotter dans les airs, rebondir partout et mettre K.O. ses adversaires.

Hot-Dog

Hot-Dog est le « teckel chauffant » du groupe. Lorsqu'il devient tout rouge : méfiance ! Le toutou dégage une chaleur extrême, capable de faire fondre l'acier le plus solide.

Bouledogue

Le petit plus de Bouledogue, c'est une magnifique paire de cornes, qu'il peut faire sortir à volonté. Ce chien au caractère bien trempé surmonte alors tous les obstacles et vient à bout de ses adversaires.

Bengo

L'arme secrète de Bengo, c'est sa queue. Il peut la transformer en lasso, en fouet ou en arme. Mieux encore ! Il peut lui faire prendre la forme de tout objet utile à ses missions.

LES MÉCHANTS

Maléficat

Cruel, diabolique et imprévisible, Maléficat est le pire ennemi de Krypto. Ce chat-robot est presque invulnérable, et son seul but est de dominer le monde ! Il a toujours sur lui un peu de kryptonite pour neutraliser le Superchien.

Sushi Matou

Ce petit chat a souvent l'air adorable et inoffensif. Mais ne vous y fiez pas, car Sushi Matou est le bras droit de Maléficat ! Malin et perfide, il trouve toujours le moyen de nuire à Krypto et à la Patrouille des Chiens de Chasse.

Delilah

Delilah est une grande séductrice. Mais méfiance ! C'est aussi une chatte calculatrice, sournoise et très dangereuse. Cet agent de Maléficat a toujours une mauvaise idée en réserve pour tenter d'éliminer Krypto et ses amis.

Lex Luthor

Ignatius

Cet iguane est l'animal de compagnie d'un des pires ennemis de Superman : l'infâme Lex Luthor.
Ses qualités : aucune !
Ses défauts : tous ! Ignatius n'a aucune morale et est prêt à tout. Pour se remplir l'estomac, il est capable d'utiliser les armes les plus dangereuses.

Bud et Lou

Bud et Lou sont les hyènes du principal ennemi de Batman : le Joker.

Une astuce pour les distinguer : leurs colliers ! Celui de Bud est violet, celui de Lou est vert. Prudence ! Quand Bud et Lou sont dans le quartier, c'est qu'un mauvais coup se prépare…

Chapitre 1

Opération camouflage

Il n'y a que quelques jours que Krypto est sur Terre, mais il s'y sent déjà très bien. Aussi bien que sur Krypton, la planète où il est né. Même s'il a eu un peu de mal à trouver un nouveau maître, il est maintenant le meilleur ami de Kévin. Et le petit garçon a rapidement remarqué que Krypto n'est pas un chien comme les autres.

— Tu voles comme Superman, s'exclame-t-il. Et le « S » accroché à ton collier est le même que le sien ! Donc tu es un Superchien...

Pour l'instant, c'est leur secret. Et pour que ça reste un secret, Kévin persuade Krypto de cacher la fusée qui l'a amené sur Terre dans son jardin.

Ce matin, les parents de Kévin ne sont pas là. C'est idéal. Le garçon et son chien bondissent dehors, soulèvent une large bande de gazon, puis la roulent soigneusement. À une vitesse incroyable, Krypto creuse un gigantesque trou. Kévin lui donne un coup de main à l'aide d'une bêche. Ce travail terminé, il est temps d'aller chercher l'engin. Kévin grimpe sur le dos de Krypto et en route !

— Tu te souviens bien de l'endroit où tu as caché ta fusée ?

— Bien sûr ! Je n'ai pas que des super-pouvoirs, j'ai aussi une super-mémoire !

En un temps record, Krypto et son jeune maître rejoignent la forêt.

— Nous y sommes, elle est là-dessous ! lance le chien, en

désignant un énorme tas de grosses branches et de feuillage…

Rapidement, ils prennent le chemin du retour. Kévin est installé dans la fusée. C'est Krypto qui la porte, comme si elle était aussi légère qu'une brindille !

— J'espère qu'on ne se fait pas trop remarquer ! dit Krypto.

— T'inquiète ! À cette vitesse-là, les gens doivent nous voir flous ! se réjouit Kévin, en passant la tête par un hublot.

— On est presque arrivés au-dessus du jardin, annonce Superchien.

— Tu crois que le trou est assez profond ?

— Pas de souci !

Kévin jette un coup d'œil à sa montre :

— Dépêchons-nous ! Mes parents peuvent revenir du supermarché d'une minute à l'autre !

Grâce à sa super-vision, Krypto inspecte tout le quartier.

— La voie est libre, allons-y ! Oups ! Stop ! rectifie-t-il aussitôt.

J'ai parlé un peu vite. Andréa en vue ! Je répète : Andréa en vue !

La jeune voisine de Kévin joue dans son jardin avec Éclair. La radio à fond, elle se tortille face au chat qui se prélasse sur le gazon. Elle voudrait bien lui apprendre la chorégraphie qu'elle vient d'inventer.

— Allez ! On se bouge, gros paresseux ! Et hop, hop, hop ! s'exclame-t-elle, face au matou,

qui n'a pas du tout envie de devenir danseur.

Elle l'attrape brusquement et le fait valser dans les airs. Le poil hérissé, le chat fait un looping au-dessus de la tête de sa maîtresse.

— Tourbillon magique ! se réjouit la fillette. Parfait !

Voyant qu'Andréa est totalement absorbée par son cours de danse, Krypto passe à l'action :

— Accroche-toi ! crie-t-il à Kévin. Ça va secouer !

Il envoie la fusée dans la fosse. L'impact est énorme et provoque un mini-tremblement de terre. De l'autre côté du mur, Andréa est soulevée à un mètre du sol et oublie qu'elle a un chat à rattraper.

Éclair s'écrase par terre comme une crotte de pigeon, les moustaches en bataille.

De son côté, Superchien est très inquiet. Est-ce que Kévin a entendu son avertissement ?

Chapitre 2

Andréa est curieuse

Le calme est revenu dans le jardin, mais malgré sa super-ouïe, Krypto n'entend aucun bruit venant de la fusée... Il plonge dans le trou pour secourir Kévin. Au moment d'entrer dans l'engin, il tombe nez à nez avec son maître.

— Waou ! se réjouit le jeune garçon. Quelle cascade !

— Ouf ! soupire Krypto. Tu es sain et sauf.

— Même pas mal, tout va bien. Allez on rebouche !

Mais dans le jardin voisin, une petite voix se fait entendre :

— Kévin... Kévin ! Qu'est-ce qui se passe ? C'est la fin du monde ou quoi ?

Apparemment, Andréa veut se mêler de ce qui ne la regarde pas.

— Heu... il se passe... qu'il ne se passe rien, réplique Kévin. Pourquoi ?

Vite, il aide Krypto à combler le trou. Sa voisine a l'air très curieuse : elle va vite pointer le bout de son nez.

— Je n'ai pas rêvé, quand même ! poursuit la fillette. J'ai bien aperçu quelque chose. Et ce

bruit ? Et cette énorme secousse ?

La fosse rebouchée, les deux complices se dépêchent de replacer le gazon qu'ils avaient mis de côté.

— Où ça ? Quand ça ? Quoi ça ? répond Kévin.

— Il y a quelques secondes. Dans ton jardin, insiste Andréa dont la tête apparaît soudain par-dessus le mur qui sépare les deux maisons.

Perchée sur un escabeau, elle ajoute :

— Je ne suis pas sourde…

Mais elle s'interrompt. Très surprise, elle découvre Kévin en train de lire tranquillement sur la pelouse, un frisbee près de lui. Krypto, lui, dort profondément.

— Salut, Andrée ! s'exclame le garçon, l'air innocent.

— Ouaf, ouaf, ouaf ! fait le chien, en s'étirant comme s'il se réveillait.

— Tu disais ? poursuit Kévin.

— Je disais, insiste-t-elle en fronçant les sourcils, que j'ai cru voir quelque chose de très gros tomber dans ton jardin.

— C'était peut-être ça, dit le garçon, en montrant le frisbee. D'ailleurs, tu veux jouer ?

À ces mots, Éclair bondit sur le mur. Lui est tout à fait d'accord pour une partie. Tout comme Krypto qui approuve en agitant la queue. Andréa se doute bien qu'ils se moquent d'elle. Mais elle est incapable de trouver une explication… à l'inexplicable.

— Non ! Je n'ai pas envie de jouer.

Elle attrape Éclair et disparaît derrière le mur.

— Et moi, c'est An-dré-a. Pas Andrée… An-dré-a ! D'accord ? lance-t-elle, vexée.

— Ouf, débarrassés ! soupire Kévin, en s'engouffrant dans la maison. On a eu chaud.

— Oui, approuve Superchien. Maintenant : phase numéro deux !

Chapitre 3

Alerte !

— J'ai bien cru que notre secret était découvert ! dit Kévin.

— Ne t'en fais pas, le rassure Krypto, je serai toujours là pour empêcher les catastrophes. Petites ou grosses. Et Andréa n'est qu'une mini catastrophe.

— Papa et maman sont en retard. Tant mieux ! Ne perdons pas de temps.

Le garçon soulève des gros cartons. Ils sont pleins de dossiers, de livres, de nourriture et de cannettes de jus de fruit. Superchien prend dans sa gueule une énorme radio. Tous deux s'approchent prudemment de la baie vitrée qui donne sur le jardin. Kévin passe la tête à l'extérieur. Un regard à gauche, un regard à droite. Personne à l'horizon.

— C'est bon, chuchote-t-il. Allons-y !

Avec un air de conspirateurs, ils sortent de la maison et traversent le jardin. Un dernier coup d'œil en arrière et ils disparaissent dans la magnifique niche qu'ils ont construite il y a quelques jours. Ce n'est pas une niche comme les autres : le plancher est percé. Une échelle descend dans le trou, et conduit dans une galerie souterraine. Ce passage secret relie la niche à la fusée.

— Je descends le premier, dit Kévin. Passe-moi les cartons et la radio. Ensuite, direction notre nouveau Quartier Général !

— Bien chef ! lance Krypto, en saluant son jeune maître comme un militaire.

Ils se retrouvent rapidement dans le cockpit avec tout leur matériel. Superchien connaît bien le vaisseau, mais Kévin découvre des tas de choses qui l'amusent beaucoup. Comme ce drôle de bouton rouge. Il appuie dessus : un écran de télévision sort du tableau de bord et se met en marche automatiquement.

— Ouah ! Génial ! Je vais enfin pouvoir regarder tous les dessins animés que je veux. Pas de parents ou de petite sœur pour m'embêter !

Kévin continue l'inspection de la fusée et découvre un morceau de tissu rouge.

— Eh ! C'est quoi ça ?

— C'était ma couverture, quand j'étais petit. Elle m'a tenu bien chaud pendant tout le voyage.

Kévin approche de Krypto. D'un grand geste, il la place sur son dos et lui noue autour du cou.

— Qu'est-ce que tu dis de ça ?

demande-t-il fièrement. On t'a trouvé une magnifique cape ! Et rouge… comme Superman !

— Splendide !

— Oh ! Et ça ? demande Kévin, le regard attiré par des feuilles collées au mur.

— Ce sont les dessins de mon ancien petit maître, sur Krypton.

— De l'art extra-terrestre. Ça c'est vraiment trop super ! Je peux les prendre pour ma chambre ?

— Sers-toi, je…

Krypto se tait brusquement. Le ton du présentateur qui apparaît à la télévision est grave :

— Nous débutons ce journal par une catastrophe en mer, tout près des côtes. Rejoignons, en direct de notre hélicoptère, Tom Scotty.

— La situation est désespérée. Le moteur d'un navire a explosé cette nuit ! Ce cargo transporte quatre animaux sauvages destinés au zoo de Métropolis. L'explosion a percé la coque du bateau et il se remplit d'eau. Il va couler rapidement. Les secours sont en route, mais ils risquent d'arriver trop tard ! Les marins et les animaux

sont en danger ! Ils vont se noyer !

— Tom, je crois que seul Superman pourrait voler à leur secours. Malheureusement, il est en mission dans une autre galaxie et ne sera de retour que cet après-midi.

Kévin et Krypto restent les yeux grands ouverts devant la télévision.

— Zut, zut et zut ! s'écrie le garçon. C'est vrai. Superman est le seul à pouvoir faire quelque chose !

— Moi, je pourrais peut-être..., propose Superchien. Tu as dit que j'étais comme lui...

— Mais si tu fais ça, tout le monde saura qui tu es ! À moins que...

Chapitre 4

Une mission périlleuse

— Comme ça, tu es par-fait ! dit Kévin en plaçant Krypto face au miroir de sa chambre. Admire le travail !

— Mouais..., soupire Superchien en regardant le caleçon violet à gros cœurs rouges qu'il vient d'enfiler.

C'est sûr qu'avec ce caleçon, ces pantoufles, les lunettes roses à pois jaunes et cette cape bleu fluo, on ne va pas me reconnaître...

— Ouaip ! Même moi, je te reconnais pas.

— Mais je suis pas un peu ridicule ?

— Pas du tout, affirme le garçon. Tiens, n'oublie pas ton insigne et en route pour ta première mission, Médor Mystérieux !

Krypto prend son élan et s'envole par la fenêtre. Il va si vite, qu'il perd tous les accessoires que lui a donnés Kévin. Il est vraiment

mieux comme ça : cape rouge, collier jaune et insigne. En quelques secondes, il atteint la côte. Il repère facilement le navire grâce à l'hélicoptère de la télévision qui le survole. Dans l'appareil, le journaliste poursuit son reportage :

— Comme vous le voyez sur vos écrans, l'eau envahit le cargo. Il est en train de couler. Quelqu'un doit absolument sauver l'équipage et les animaux. Mais aucun signe des gardes-côtes !

Alors que l'équipage s'est réfugié sur le plus haut pont du bateau, les pauvres bêtes sont coincées dans la cale, et commencent à paniquer. L'eau monte et envahit les cages... Grâce à son long cou, la girafe est avantagée. C'est elle qui appelle Krypto :

— Je vous en prie, faites vite ! dit-elle. Mes amis vont se noyer !

— Aidez-moi ! grogne le lion, qui a les pattes dans l'eau. Moi, je suis un félin, donc un gros chat. Et les chats détestent l'eau, c'est bien connu !

— Ouiiiii ! Sortez-nous de là ! gémit le phacochère.

Krypto est maintenant sur place. Lorsque le journaliste le voit passer devant son hélicoptère il s'écrie :

— Oh ! Incroyable ! On le croyait en mission très loin de la Terre, mais Superman vient d'arriver... Mais... Mais non, ce n'est pas Superman... Je n'arrive pas à savoir qui c'est. Il est passé trop vite !

Le chien se précipite dans le bateau par un hublot. Il se pose sur une énorme caisse et lance aux animaux :

— Écoutez-moi ! Je crois que je peux vous sauver. Mais il va falloir faire tout ce que je dis.

Malgré le danger, le rhinocéros

ne peut s'empêcher de répondre :

— Dans la savane, c'est à moi qu'on obéit. Pourquoi devrais-je suivre les ordres d'un cabot ?

Krypto le foudroie du regard, mais sa mission est de les sauver tous. Sans exception. Il bondit sur la cage, écarte les barreaux en acier et libère le rhinocéros. Très impressionné, l'animal s'excuse :

— Hum… Je ne t'entendais pas très bien… Enfin, je te remercie. Si tu as besoin d'un coup de main…

— Dépêchez-vous ! crie le phacochère. Je ne vais plus tenir très longtemps !

On ne voit plus que la pointe de ses oreilles, le bout de ses défenses et son groin.

Le chien sort sa cage de l'eau et la dépose au sec. D'un puissant coup de pattes arrière, il fait voler la porte en éclats. Libérer le lion ne lui prend pas plus de temps. Le grand fauve est soulagé, mais un peu honteux qu'un chien lui ait sauvé la vie. Enfin, dans un tourbillon dont il a le secret, il rend sa liberté à la girafe.

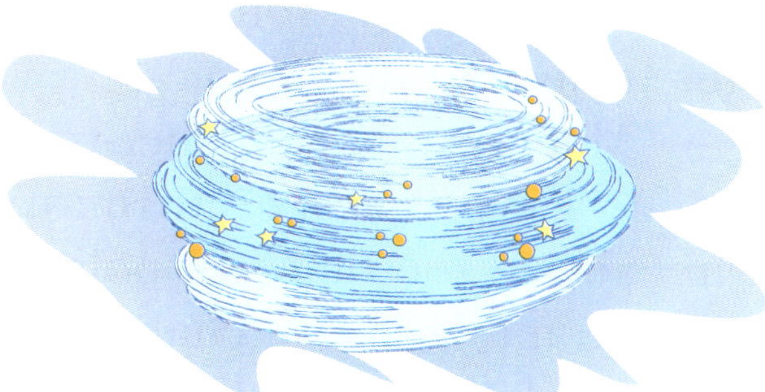

— Très bien ! conclut Krypto. Maintenant, tout le monde sur

cette plate-forme. Encore un peu de patience et vous retrouverez la terre ferme. Il me reste à sauver l'équipage.

Il arrache une échelle en acier sur le pont du navire. Puis, grâce au super-rayon de ses yeux, il fait fondre le métal et rebouche le trou dans la coque.

Il est acclamé par le capitaine et tout l'équipage, réfugiés sur le plus haut pont du cargo.

— Maintenant, accrochez-vous ! lance Krypto aux animaux. Direction le zoo de Métropolis !

Il attrape la grosse chaîne attachée au plateau où se trouvent les quatre bêtes sauvages et soulève le tout sans difficulté.

Il passe tout près de l'hélicoptère de la télévision et, cette fois, le journaliste le voit très bien.

— Vous n'allez pas me croire ! bafouille-t-il dans son micro, ce n'est pas Superman qui vient de sauver ce bateau!... C'est un chien ! Un chien extraordinaire ! Un Superchien !

METROPOLIS
PARK

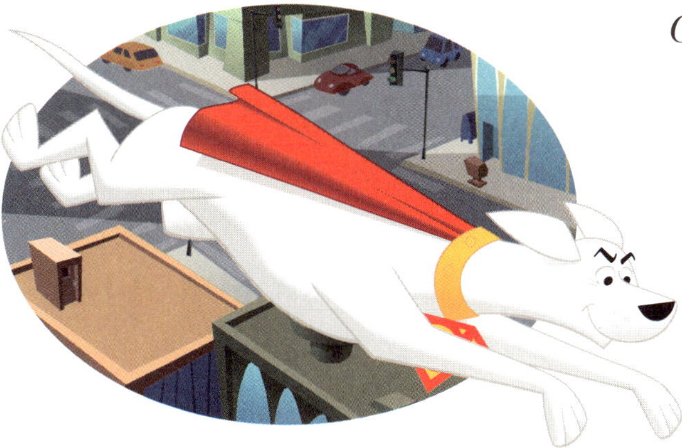

Le secret en péril

Pendant ce temps, à la maison, Kévin commence à trouver le temps long. Il est allongé sur son lit, perdu dans ses pensées. Soudain, il sursaute : un grand courant d'air fait voler les rideaux et Superchien surgit dans la pièce par la fenêtre.

— Krypto !

— J'ai fait aussi bien et aussi

vite que possible, explique le chien.

— Discrètement aussi ?

— Je pense que personne n'a vraiment eu le temps de voir qui j'étais. Je...

La voix du père de son jeune maître l'interrompt :

— Kévin, viens ici tout de suite !

Rapidement, le garçon débarrasse Krypto de sa cape et de son insigne. Il ne lui laisse que son beau collier jaune.

— Heu... j'arrive papa !

Il dévale les marches, suivi par le chien et rejoint le reste de la famille dans le salon.

— Qu'est-ce qu'il y a ? s'inquiète Kévin.

— Regarde les infos, lui dit son

père. Il s'est passé quelque chose d'incroyable !

Toute la famille est réunie dans le salon et le père du garçon n'arrête pas de zapper. Sur toutes les chaînes d'information, on ne parle que du sauvetage miraculeux d'un bateau par un chien. Kévin et Krypto se font tout petits. Aïe, aïe, aïe ! Chaque reportage montre Superchien en gros plan.

— Tu sais qui est ce chien et à

qui il appartient, Kévin ? demande le père, avec un large sourire.

Le jeune garçon commence à transpirer à grosses gouttes. Il ne sait vraiment pas quoi répondre et essaie de garder un air innocent.

— Eh bien…, bredouille-t-il. C'est à dire que… je…

— Enfin ! reprend son père. Regarde bien et réfléchis. Ce chien ne te rappelle personne ?

C'est la panique dans la tête de Kévin. À cet instant précis, il voudrait bien être n'importe où, mais pas dans ce salon.

— Alors ? insiste son papa. Ta réponse ?

Le jeune garçon serre les dents. S'il ouvre la bouche maintenant, c'est pour dire toute la vérité à ses parents.

— Tu n'es vraiment pas observateur ! s'écrie finalement le père. Cette cape, cet insigne avec le « S » ! Ce chien est celui de Superman ! C'est évident !

Kévin et Krypto poussent un grand soupir. Malheureusement, leur soulagement ne dure pas longtemps. Mélanie, la petite sœur du jeune garçon, décolle son nez

de l'écran et vient se planter devant le chien.

— Non, le toutou c'est Kypo, dit-elle, provoquant un éclat de rire général.

— Il s'appelle Kry-pto, articule sa maman. Pas Kypo ! Et tu te trompes, ce n'est pas lui dans la télévision..

— Si ! insiste la petit fille. Le toutou c'est Kypo !

— Non, Mélanie, il ressemble à Krypto, mais ce chien-là, c'est Superchien.

— Oui, c'est ça ! se dépêche d'ajouter Kévin. C'est Superchien p'tite sœur. Superchien ! Hein Kryp...

Le garçon arrête brusquement

son explication. Son chien a disparu. Il inspecte le rez-de-chaussée : personne. Kévin grimpe l'escalier et retrouve Krypto, dans sa chambre, couché sur le lit.

— Un problème ? s'inquiète le jeune garçon.

— Pas un problème..., murmure Superchien. Un mystère : je flaire une odeur que je n'avais pas sentie depuis très longtemps.

Chapitre 6

Une visite surprise

Krypto passe la tête par la fenêtre, les oreilles dressées et son super-flair en action. Le coucher de soleil donne au ciel une magnifique couleur orangée. Tout à coup, les yeux écarquillés, le chien voit un homme voler vers lui. Arrivé tout près de la maison, il lance :

— Bonjour Krypto !

L'homme est habillé de bleu, porte une immense cape rouge et il y a un « S » sur son torse.

— Kal-El ! dit Krypto. Ouah ! Tu as grandi !

Il se précipite dehors vers son ancien maître et se jette dans ses bras.

— Maintenant, on m'appelle Superman..., précise le super-héros. C'est bon de te revoir, mon vieil ami !

— Eh bien moi, c'est toujours Krypto ! Mais depuis peu, c'est aussi Superchien !

Kévin est appuyé sur le rebord de la fenêtre et n'en croit pas ses yeux. Jamais il n'aurait pensé voir un jour Superman d'aussi près. Et encore moins lui parler...

— Alors... Krypto était vraiment... votre chien ? glisse-t-il timidement.

— Oui, il y a des années. Et il m'a manqué.

Kévin pense soudain à quelque chose et disparaît dans sa chambre. Il revient à la fenêtre, un paquet de feuilles dans la main.

— Tenez, dit-il. Je crois que ça, c'est à vous !

Le garçon tend à Superman les dessins que Superchien lui a donnés le matin, dans la fusée.

— Eux aussi ont fait le voyage entre Krypton et la Terre.

— Ça alors ! sourit le super-héros. Ce sont les seules images qu'il reste de notre pauvre planète.

Il feuillette les quelques dessins et s'arrête sur le dernier :

— Maman m'avait aidé à faire celui-ci, ajoute-t-il, un peu triste. Merci...

— Kévin ! Je m'appelle Kévin.

— Merci, Kévin ! Serrons-nous la main !

Un grand sourire se dessine sur le visage du jeune garçon. Mais il s'efface rapidement :

— J'imagine que vous allez reprendre Krypto avec vous, dit-il en baissant les yeux.

Superman caresse le chien qui est toujours dans ses bras.

— Tu sais, répond-il, quand on est un super-héros, on est très souvent en mission loin de chez soi.

Et c'est beaucoup mieux pour un chien d'avoir tout le temps quelqu'un auprès de lui. Peut-être… qu'il pourrait rester avec toi.

À ces mots, Superchien lance un grand « WOUAF » et rejoint Kévin pour lui faire la fête.

— Pas de problème ! répond le garçon.

— Parfait, conclut Superman.

Puis, dans un grand mouve-

ment de cape, il tend le bras vers le ciel et s'éloigne comme il était venu. Mais avant de disparaître dans la nuit tombante, il se retourne et dit :

— À un de ces jours, les amis ! Oh… et beau travail sur le bateau aujourd'hui, Superchien.

Fin

Pour le savoir, tourne vite la page !

KRYPTO
The SUPERDOG

Dans le tome 3 :

Une rencontre extraordinaire

Krypto est alerté par les cris d'un petit chat en détresse ! Vite, il se précipite à son secours. Un groupe de chiens aux pouvoirs extraordinaires entoure le pauvre chaton... Mais Krypto a encore des choses à apprendre... à se méfier des apparences, par exemple !

www.bibliothequerose.com
Le site de
tes héros préférés
LA BIBLIOTHÈQUE ROSE
TES SÉRIES PRÉFÉRÉES
CONCOURS
QUOI DE NEUF ?
L'ATELIER
LA BOUTIQUE
BIBLIOTHÈQUE ROSE
LA BIBLIOTHÈQUE ROSE

Table

« Pour l'éditeur, le principe est d'utiliser des papiers composés de fibres naturelles, renouvelables, recyclables et fabriquées à partir de bois issus de forêts qui adoptent un système d'aménagement durable. En outre, l'éditeur attend de ses fournisseurs de papier qu'ils s'inscrivent dans une démarche de certification environnementale reconnue. »

Composition **JOUVE** – 45770 Saran

Imprimé en France par Jean-Lamour - Groupe Qualibris
Dépôt légal : janvier 2008
20.24.1523.8/01 – ISBN 978-2-01-201523-4
Loi n°49-956 du 16 juillet 1949
sur les publications destinées à la jeunesse